BEI GRIN MACHT SICH IHR WISSEN BEZAHLT

AF166938

- Wir veröffentlichen Ihre Hausarbeit, Bachelor- und Masterarbeit

- Ihr eigenes eBook und Buch - weltweit in allen wichtigen Shops

- Verdienen Sie an jedem Verkauf

Jetzt bei www.GRIN.com hochladen und kostenlos publizieren

Bibliografische Information der Deutschen Nationalbibliothek:

Die Deutsche Bibliothek verzeichnet diese Publikation in der Deutschen National-bibliografie; detaillierte bibliografische Daten sind im Internet über http://dnb.d-nb.de/ abrufbar.

Impressum:

Copyright © 2019 GRIN Verlag
Druck und Bindung: Books on Demand GmbH, Norderstedt Germany
ISBN: 9783346172396

Dieses Buch bei GRIN:

https://www.grin.com/document/594946

Jonas Opfermann

Die Darstellung der Belagerung von Damaskus im Zweiten Kreuzzug aus christlicher und muslimischer Perspektive

GRIN Verlag

GRIN - Your knowledge has value

Der GRIN Verlag publiziert seit 1998 wissenschaftliche Arbeiten von Studenten, Hochschullehrern und anderen Akademikern als eBook und gedrucktes Buch. Die Verlagswebsite www.grin.com ist die ideale Plattform zur Veröffentlichung von Hausarbeiten, Abschlussarbeiten, wissenschaftlichen Aufsätzen, Dissertationen und Fachbüchern.

Besuchen Sie uns im Internet:

http://www.grin.com/

http://www.facebook.com/grincom

http://www.twitter.com/grin_com

Geschichts- und Kulturwissenschaften der Johannes Gutenberg-Universität Mainz

**Die Darstellung der Ereignisse bei Damaskus 1148
aus christlicher und muslimischer Perspektive**

Jonas Emanuel Opfermann

Inhaltsverzeichnis

Einleitung

Inwiefern unterscheiden sich muslimisch und christlich geprägte Darstellungen in ihrer gemeinsamen historischen Vergangenheit und Überlieferung und gibt es gar sich gleichende beziehungsweise ähnelnde Darstellungen?

Die folgende Ausarbeitung wird sich mit einem konkreten Vergleich zweier Quellen zu den Ereignissen der Belagerung von Damaskus (23.- 28. Juli 1148) im Zweiten Kreuzzug befassen und diese darstellen. Es wird zum einen ein Ausschnitt einer Quelle des christlichen Geschichtsschreibers Wilhelm von Tyrus und zum anderen ein Ausschnitt einer Quelle des muslimischen Chronisten Ibn al-Qalanisi vorgestellt und beleuchtet werden. Bis zum heutigen Tage ist es ein undurchsichtiger Streitpunkt was genau sich an diesen Tagen vor den Toren von Damaskus abgespielt hat und welchen Einfluss die Geschehnisse auf die Truppen, Bevölkerung und den weiteren Verlauf der Kreuzzüge gehabt haben[1]. Ziel dieser Hausarbeit ist es durch den folgenden Quellenvergleich ein etwas genaueres Bild von den Ereignissen aus Sicht der beiden aufeinandertreffenden Parteien (Kreuzfahrerheer und Muslime) zu schaffen, indem die Ansichten gegenübergestellt und verglichen werden. Stützen wird sich diese Untersuchung auf die Übersetzungen der beiden Quellen des 12. Jahrhunderts ins Englische von James Brundage[2] und Hamilton A. R. Gibb[3].

1 Historische Einordnung

Zum besseren Verständnis der historischen Gegebenheiten zum Zeitpunkt des Geschehens wird dieses Kapitel noch einen kurzen Überblick über die historische Einordnung verschaffen. Dies soll einem besseren Quellenverständnis dienlich sein. Zeitlich lassen sich die Quellen in die Mitte des 12. Jahrhunderts datieren, einer Zeit, die durch den Konflikt zwischen Muslimen und Christen in der Levante stark geprägt war. Die nach dem ersten Kreuzzug (1096-1099) gegründeten Kreuzfahrerstaaten von Jerusalem, Antiochia, Edessa und Tripolis erlitten im Jahre 1144 den ersten großen Rückschlag mit der Eroberung Edessas durch die einfallenden Seldschuken unter Emir Zengi (1087-1146).[4] Dieser erste schwere Schlag gegen die christlichen Staaten der Levante führte zu einer verstärkten Wahrnehmung der Situation im Heiligen

---

[1] Vgl. Hoch, Martin: *Jerusalem, Damaskus und der Zweite Kreuzzug. Konstitutionelle Krise und äussere Sicherheit des Kreuzfahrerkönigreichs Jerusalem, A.D. 1126-1154.* Frankfurt am Main, 1993. / Philipp, Jonathan (Hrsg.): *The Secound Crusade: Scope and Consequences.* Manchester 2001, S.15-32.
[2] William of Tyre, *Historia rerum in partibus transmarinis gestarum*, XVII, 3-6, *Patrologia Latina* 201, S. 675-679, Translated by James Brundage, *The Crusades: A Documentary History*, Milwaukee, WI: Marquette University Press, 1962, S. 115-121.
[3] Gibb, A.R. Hamilton: *The Damascus Chronicle of the Crusades.* Extracted and Translated from the Chronicle of Ibn Al-Qalānisī. London 1932, S. 282-287.
[4] Asbridge, Thomas: Die Kreuzzüge. 7. Auflage, Stuttgart 2016, S.214f.

Land durch den Papst und in großen Teilen Europas. Angesichts der Lage entschied sich Papst Eugen III. (1145-1153) dazu einen weiteren Kreuzzug zur Errettung des Heiligen Landes auszurufen, welcher mit der ersten Kreuzfahrerbulle „*Quantum praedecessores*" und den dort formulierten vier Vorrechten[5] für Kreuzfahrer Gültigkeit erlangte und zunächst nur an den französischen Kaiser Ludwig VII. (1120-1180) adressiert war, jedoch auch recht schnell andere Herrscher durch Unterstützung Bernhards von Clairveaux, einem angesehenen Abt des Zisterzienserordens, an sich zog, wie den deutschen König Konrad III. Clairveaux Rat wurde als „göttliches Orakel" in die Kreuzzugsangelegenheit eingeholt und genoss in den europäischen Adels- und Königshäusern großes Ansehen, denn durch seine Predigten wusste er eine Begeisterung für die Kreuzzugsidee zu entfachen.[6]

Im Jahre 1146 brachen die Truppen zunächst Richtung Balkan auf, Ludwigs Truppen in Paris und die Truppen Konrads in Regensburg. Seit der Überquerung des Bosporus im September 1147 und dem daran anschließenden Marsch durch Kleinasien folgten jedoch schwere Kämpfe gegen ständig Bedrohung der Seldschuken, welche die Truppen stark dezimierten.[7] Das eigentliche Ziel des Kreuzzugs, die Rückeroberung der Stadt Edessa, wurde den Truppen so unmöglich. Ludwig VII. und Konrad III. beriefen daher gemeinsam mit Balduin III. (1131-1167), König von Jerusalem, ein Konzil in Akkon ein, um über das weitere Vorgehen zu beraten. Man entschied sich daher das nahegelegene Damaskus zu erobern, einem strategisch wichtigen Ort, welcher als wohlhabend und militärisch schwach galt.[8] Diese Entscheidung führte jedoch zur endgültigen Niederlage dieses zweiten Kreuzzugs, der im Juli 1148 mit der Belagerung von Damaskus, bei der Sie binnen fünf Tagen vernichtend geschlagen wurden und gedemütigt in die Heimat zurückkehren mussten[9], endete. Dies war nicht nur im militärischen Sinne ein Rückschlag, sondern auch im gesellschaftlich-politischen Sinn, denn: Damaskus war zwar muslimisch beherrscht, unterhielt aber aus der Nähe zum Königreich Jerusalem und den anderen Kreuzfahrerstaaten heraus gute Kontakte zu den Christen und war zum Teil christlich geprägt. Nach heutigem Forschungsstand übten die Kreuzzüge auch nur geringe Auswirkungen auf die islamische Kultur, zumal sie auch nur einen kleinen Teil dieser betrafen. Für das Verhältnis zwischen der (west-)europäischen und der islamischen Welt

---

[5] Brand-Pierach, Sandra: Ungläubige im Kirchenrecht - Die kanonistische Behandlung der Nichtchristen als symbolische Manifestation politischen Machtwillens. Unveröff. Diss., Konstanz 2004, S. 32.
[6] Delaruelle, Etienne: *L'idée de la Croisade chez Saint Bernard*, in: Mélanges Saint Bernard. Dijon 1953, S. 63-67.
[7] Mayer, Hans Eberhard: Geschichte der Kreuzzüge. Stuttgart 1985, S. 87-99.
[8] Ebenda, S. 96-97.
[9] Barth, Reinhard, Birnstein, Uwe, Ludwig, Ralph, Solka, Michael: Die Chronik der Kreuzzüge. Gütersloh/München 2003.

wirkten sie sich hingegen äußerst negativ aus.[10] Aus europäischer Sicht muss jedoch gesagt werden, dass die Kreuzzüge zum ersten Mal den Kontakt zur islamischen Kultur brachten, welche hoch entwickelt war.[11]

2   Zur Quelle - Hamza ibn Asad abu Ya'la ibn al-Qalanisi

Hamza ibn Asad abu Ya'la ibn al-Qalanisi (um 1070 – 1160), in westlichen Überlieferungen zumeist nur als Ibn al-Qalanisi aufgeführt, gilt als bedeutendster und wichtigster muslimischer Chronist des Mittelalters.[12] Durch sein bekanntestes und umfassendes Werk „Die Chronik von Damaskus" gelingt es die Sicht der Muslime auf das Geschehen 1097-1159 in Damaskus zu ergründen.

Die vorliegende Quelle wurde von Hamilton Alexander Rosskeen Gibb (1895-1971) übersetzt und in seinem Werk „The Damascus Chronicle of the Crusades" erschlossen. Für die hier besprochene Thematik soll darauf nur allgemein verwiesen sein und nur angesprochen werden, was für die Belagerung von Damaskus von Bedeutung ist. Es handelt sich bei der Chronik von Damaskus und den darin verfassten Ereignissen weniger um direkte Augenzeugenberichte, sondern es scheint sich eher um Sammlungen von Nachrichten und Eindrücken jener Zeit und jenes Ortes zu handeln.[13] Besonders bemerkenswert an dieser Stelle ist, dass das Wort „Franke" zwar universell als Bezeichnung für alle einfallenden Lateiner („lateinische Christen" →„Ungläubige") eingesetzt wird, jedoch auch erstmalig eine arabische Bezeichnung der europäischen Kontingente und Völker fällt. So ist beispielsweise die Rede von „Alman" (einem König)[14] beziehungsweise den „Almans", welche nach Ibn al-Qalanisi die „zähesten aller Frankenvölker" seien. Es wird durch die Berichte der Ereignisse deutlich, dass sich die Muslime sehr genau mit ihren Gegnern befassten und präzise Angaben zu deren Verhalten und Gewohnheiten machen konnten. Sie (die Franken) wurden zwar als „Ungläubige" tituliert und besonders deren Rückschläge im Kampf wurden ausführlich dargestellt, jedoch wird auch deutlich, dass deren Mut und Stärke bewundert wurde. Dies wird besonders dadurch verdeutlicht, dass Ibn al-Qalanisi von „den Franken" und „den Muslimen" schreibt und

[10] Hillenbrand, Carole: *The Crusades. Islamic Perspectives*. University Press, Edinburgh 1999.
[11] Schein, Sylvia: *Gateway to the Heavenly City: Crusader Jerusalem and the Catholic West (1099-1187)*. Ashgate, 2005.
[12] Gibb, A.R. Hamilton: *The Damascus Chronicle of the Crusades*. Extracted and Translated from the Chronicle of Ibn al-Qalānisī. London 1932, S. 7-11.
[13] Meisami, Julie Scott, Starkey,Paul (Hrsg.): *Encyclopedia of Arabic Literature*. Band 1. Routledge, London 1998, S. 358.

[14] Gibb, A.R. Hamilton: *The Damascus Chronicle of the Crusades*. Extracted and Translated from the Chronicle of Ibn Al-Qalānisī. London 1932, S. 282.

dadurch bedingt eine außenstehende Rolle im Zeitgeschehen einnimmt. Aufgrund dieser Tatsache ist diese zeitgenössische Quelle so bedeutend für die muslimische Sicht der Ereignisse in Damaskus zur Zeit der ersten Kreuzzüge und erlaubt uns so einen direkten Vergleich der Sichtweisen damaliger Zeitgenossen zu erschließen.

3 Zur Quelle – Wilhelm von Tyrus

Als Vergleichsquelle zu dem behandelten Ausschnitt aus der Chronik von Damaskus eignet sich aufgrund der zeitlichen Nähe und der ansonsten grundlegend unterschiedlichen Weltanschauung der Christen und der Muslime, ein Auszug aus der *Chronica* des christlichen Geschichtsschreibers Wilhelm von Tyrus.

Wilhelm von Tyrus (ca. 1130-1186) gilt als einer der bedeutendsten christlichen Geschichtsschreiber des Mittelalters und wirkte durch seine Tätigkeiten als Erzbischof von Tyrus und Kanzler des Königreichs Jerusalem. Die mir vorliegende Quelle stammt aus seiner ab dem Jahre 1168 verfassten *Chronica* (dt. Geschichte der Kreuzfahrerstaaten) mit dem lateinischen Titel *Historia rerum in partibus transmarinis gestarum*. In diesem Werk werden die genauen Eindrücke und Schilderungen der christlichen Sicht auf das Geschehen dargestellt und aufgezeigt. Dadurch, dass es sich bei den Aufzeichnungen Wilhelm von Tyrus um Schriften handelt, die mindestens 20 Jahre jünger[15], als die Aufzeichnungen von Ibn al-Qalanisi und bedingt durch die Tatsache, dass ein muslimisch-christlicher Austausch im „chronistischen Sinne" zu jener Zeit äußerst unwahrscheinlich ist, kann davon ausgegangen werden, dass daher eine gegenseitige Kenntnis der Schriften und Aufzeichnungen unwahrscheinlich ist und daher eher ausgeschlossen werden kann. Unterstützend für diese Argumentation wirkt die Tatsache, dass Ibn al-Qalanisi zum Zeitpunkt der Entstehung der Schriften Wilhem von Tyrus' (ab ca. 1168) bereits einige Jahre verstorben war.[16]

---

[15] Hiestand, Rudolf: *Zum Leben und zur Laufbahn Wilhelms von Tyrus.* In: *Deutsches Archiv für Erforschung des Mittelalters.* Bd. 34, 1978, S. 345–380.
[16] Vgl. S.4

4 Vergleich der Quellenauszüge

Betrachtet man die beiden zuvor kurz vorgestellten Quellenauszüge nun vergleichend, so fällt auf, dass sich die beiden Autoren im Aufbau ihrer Aufzeichnungen und in der Darstellung der Ereignisse zum Teil recht deutlich unterscheiden. Ibn al-Qalanisi berichtet zum Anfang seines Berichts von den Meinungsverschiedenheiten der „Franken"[17] bezüglich des Ziels ihres nächsten Angriffs. Getrieben durch ihre „bösartige Herzen"[18] sei die Wahl auf Damaskus gefallen. Bereits zu Beginn dieses Berichts wird deutlich, dass der Autor die einfallenden Lateiner als unorganisiert, streitlüstern und bösartig darstellt. Diese Darstellungsweise zieht sich durch den gesamten Quellenausschnitt und wird zusätzlich durch das häufige Betiteln der „Franken" als „Ungläubige" unterstrichen. So erkennt man, dass es ein klares Ziel der Schrift Ibn al-Qalanisis ist, ein negatives Bild der Belagerer zu erzeugen, um die Rollenverteilung als rechtgläubige Verteidiger und bösartige, listige Ungläubige deutlich herauszustellen.

Im Gegensatz dazu beginnt der Quellenausschnitt Wilhelms von Tyrus mit einem genauen Lagebericht der Stadt Damaskus, welche er im Gegensatz zu Ibn al-Qalanisi anscheinend nicht voraussetzen konnte, und der Organisation des geplanten Schlachtablaufs. Bemerkenswert an dieser Stelle ist das augenscheinliche ausführliche Wissen über die geographischen Gegebenheiten vor Ort. Der Leser dieses Berichts bekommt so eine konkrete Vorstellung über die vorherrschenden Bedingungen und Gegebenheiten vor Ort zum Beginn der Belagerung von Damaskus. Auffällig in dieser Überlieferung ist, dass Wilhelm von Tyrus von Beginn an von „unseren Männern" spricht und sich so klar positioniert, im Gegensatz zu Ibn al-Qalanisi, welcher zwar die Franken als bösartige Ungläubigen darstellt, jedoch sich selbst nicht mittels Possessivpronomina zuordnet. Ein weiteres besonderes Merkmal bei Wilhelm von Tyrus stellt die Tatsache dar, dass sich dieser über die muslimischen Gegner nicht abfällig äußert, wie dies bei Ibn al-Qalanisi der Fall ist. Es geht zwar klar hervor, dass es sich bei den Muslimen um Gegner im Kampf handelt, jedoch stellt er diese nicht als minderwertig dar, es findet viel mehr eine Gleichstellung der Muslime statt.[19]

Gemeinsamkeiten der untersuchten Überlieferungen ergeben sich bei der bei beiden nun folgenden Erzählung des Einfalls der Kreuzfahrer in die Obstgärten vor Damaskus. Hier geht aus beiden Chroniken ein ähnlicher Ablauf der Belagerung hervor, sodass dieser als gesichert angesehen werden kann. Eine weitere auffällige Unterscheidung ist die Tatsache, dass Ibn al-Qalanisi häufig die dem jeweiligen Ereignis zugeordnete Protagonisten beim Namen nennt,

---

[17] Vgl. S.3
[18] "malicious hearts", zit. Gibb: Damascus Chronicle, S. 282.
[19] Schwinges, Rainer Christoph: Kreuzzugsideologie und Toleranz. Studien zu Wilhelm von Tyrus. Stuttgart 1977, S.214.

während Wilhelm von Tyrus diese nicht benennt, allein Manuel I. taucht als „Kaiser" bezeichnet auf[20]. Besonders markant wird bei Ibn al-Qalanisi über die Märtyrertode von Yusuf al-Findalawi, einem malikitischen Rechtsgelehrten, und Abd ar-Rahman al-Hulhuli, einem Asketen, berichtet. In seiner Überlieferung bezieht er sich diesbezüglich auf ein „unerschütterliches Gehorsam gegenüber den Geboten Gottes in seinem Heiligen Buch"[21] und nimmt so Bezug auf die Suren des Korans zum Dschihad-Aufruf[22] veranschaulicht, dass es sich bei Ibn al-Qalanisi um einen Zeitzeugen handelte, während Wilhelm von Tyrus die Ereignisse im Rahmen seiner Geschichtsschreibung nacherzählte. Unterstützt wird diese These durch die Tatsache, dass Ibn al-Qalanisi zeitlebens eine bekannte Persönlichkeit in Damaskus war und mit anderen Persönlichkeiten der Stadt durchaus vertraut gewesen sein wird.[23] Des Weiteren zeigen beide Berichte auf, dass die Truppen der Kreuzfahrer zu Beginn der Belagerung im Bezug auf die Truppenstärke (numerisch) und im Kampf zunächst deutlich überlegen waren, jedoch durch die Bogenschützen der Verteidiger zunächst aus der Stadt ferngehalten werden konnten.

Nach diesem Ereignis trennen sich die Schilderungen der beiden Quellen. Während Wilhelm von Tyrus berichtet, dass die Truppen der Kreuzfahrer durch das Hinzuziehen des Kaisers und der Könige bis in die Stadt vordringen und den Fluss einnehmen konnten, lässt Ibn al-Qalanisi diese Punkte gänzlich aus und berichtet stattdessen von der Wende im Kampf durch Unterstützung aus dem Umland (gemeint ist hier die Unterstützung Nur ad-Dins des Emirs von Aleppo)[24]. In Wilhelm von Tyrus Aufzeichnungen wird nun berichtet, dass die Einwohner von Damaskus sich aus der Hoffnungslosigkeit heraus an die einfallenden Truppen der Kreuzfahrer wandten indem sie ihnen Gelder versprachen und sie überzeugten die Obstgärten zu verlassen, um die weniger stark befestigte Seite der Stadt leichter einnehmen zu können. Dies erwies sich jedoch als List, da sie dort von Wasser und Vorräten abgeschnitten und so geschwächt wurden. Auch diese Darstellung existiert in der Überlieferung von Ibn al-Qalanisi nicht. Hier wird davon berichtet, dass sich die „Franken" nach der Ankunft der Unterstützer zurückgezogen hätten, im Verdacht einen Hinterhalt zu planen. Nachdem sie von der vorrückenden islamischen Armee gehört hätten seien die Franken am folgenden Tag in völligem Chaos geflohen und hätten erneut große Verluste erlitten. Als die muslimischen Kämpfer in das zurückgelassene Lager der Franken gekommen seien, hätten sie eine große

---

[20] Ausführlicher zu der Darstellung der Komenen-Kaiser bei Wilhelm von Tyrus: Spoljaric, Luka: Reditus imperii ad Latinos. The Komenian Emperors in Wiliam of Tyre's Historia.
[21] „in steadfast obedience tot he commands of God in His Holy Book", zit. Gibb: Damascus Chronicle, S.284.
[22] Gabrieli, Francesco (Hrsg.): Die Kreuzzüge aus arabischer Sicht. Augsburg 1999, S. 102f.
[23] Gibb, A.R. Hamilton: The Damascus Chronicle of the Crusades. Extracted and Translated from the Chronicle of Ibn Al-Qalānisī. London 1932, S. 8f.
[24] Elisséeff, Nikita: Nūr al-Dīn Maḥmūd b. Zankī. In: Encyclopaedia of Islam, Second Edition. Leiden 1995.

Anzahl an toten Pferden und „Franken" vorgefunden. Dies verdeutlicht nochmals das Chaos im Kreuzfahrerheer und das übereilte Aufbrechen jener, da nicht einmal Zeit zum Begräbnis der Toten gewesen sei. Diese Darstellung wiederum findet sich bei Wilhelm von Tyrus an keiner Stelle. Hier wird berichtet, dass sich die Kreuzfahrer aufgrund der List und dem daraus resultierenden Wasser- und Vorratsmangel sich zurückziehen und in die Heimat zurückkehren mussten. Auch das Ende der jeweiligen Überlieferung unterscheidet sich. Ibn al-Qalanisi berichtet, dass sich das Volk bei ihrem Gott für dessen Barmherzigkeit bedankte und auch der Verfasser selbst beendet seinen Bericht mit der Lobpreisung Gottes und dankt ihm. Wilhelm von Tyrus beendet seine Überlieferung hingegen mit dem bloßen Bericht über die Scham und Schande für alle die, die von diesem Kreuzzug in die Heimat zurückkehrten. Des Weiteren berichtet er, dass diese Demütigung bei Damaskus die Ursache für den aufkommenden Verdruss in der Kreuzfahrerangelegenheit gewesen sei.

Betrachtet man nun beide Aussagen der Quellenauszüge, so fällt auf, dass die Ursache für das Scheitern des Zweiten Kreuzzugs in beiden Autoren einen unterschiedlichen Ursprung hat. Der muslimische Chronist Ibn al-Qalanisi sieht das Scheitern der Kreuzfahrer in deren allgemeiner Unterlegenheit, begründet auf Chaos, Bosheit und Häresie, während der christliche Geschichtsschreiber Wilhelm von Tyrus das Scheitern in der List der Muslime und der Gier der eigenen Truppen begründet. Des Weiteren verdeutlichen diese beiden Quellen, dass sich beide Seiten, sowohl Muslime als auch Christen als listig beziehungsweise manipulativ darstellen und das gegenseitige Vertrauen nicht existent zu seien scheint.

Fazit

Zusammenfassend lässt sich festhalten, dass die vorgestellten Quellen unterschiedliche Darstellungen der Ereignisse der Belagerung von Damaskus im Jahr 1148 liefern und eine differenzierte Gewichtung auf die Darstellung des Ablaufs jener Tage aufzeigen. Es wurde deutlich, dass sich Muslime und Lateiner gegenseitig unterschiedlich wahrgenommen haben und bereits ein voreingenommen geprägtes Bild des jeweils anderen besaßen, welches eine besondere Ausprägung beim muslimischen Chronisten Ibn al-Qalanisi erfuhr. Seine Überlieferung stellte die Lateiner, welche er stets als Franken bezeichnete, klar als signifikantes Feindbild dar, welches es mit allen Mitteln zu bekämpfen galt. Im Gegensatz zu seinem christlichen Zeitgenossen, dem Geschichtsschreiber Wilhelm von Tyrus, findet sich in seinen Überlieferungen allerdings keine klare Positionierung, da er stets nuancierte Darstellungen zwischen Franken und Muslimen formuliert, wohingegen Wilhelm von Tyrus sich klar auf die Seite der Lateiner stellt. Beide Quellen stellen jedoch deutlich heraus, dass sich die Gegner im Kampfesgeschehen gegenseitig der Listigkeit bezichtigen. Wilhelm von Tyrus sieht in jener Listigkeit der Einwohner von Damaskus gar den vorrangigen Grund für das Scheitern dieses Zweiten Kreuzzugs, während Ibn al-Qalanisi dies auf die allgemeine Überlegenheit der muslimischen Kämpfer zurückführt, die durch die Unterstützung ihres Gottes und des Martyriums der tapferen Soldaten siegreich aus der Schlacht hervorgingen.

Betrachtet man nun die Vergleichspunkte und Auslegungen dieser zwei mittelalterlichen Überlieferungen genau, so lässt sich zunächst kein eindeutiges Bild von den Abhandlungen und Geschehnissen des Zeitraums 23.-28. Juli 1148 vor den Toren von Damaskus ausmachen. Es ist folglich unmöglich sich auf die Darstellungen nur einer dieser Quellen zu stützen, sondern die Aufgabe des Historikers durch die differenzierte Betrachtung der unterschiedlichen Darstellungen zu einem eigenen Ergebnis zu gelangen. Wichtig hierbei ist es zunächst einmal zu erkennen, dass es sich beim Zweiten Kreuzzug um ein christlich motiviertes Unterfangen handelt, sodass man die Überlieferungen des Wilhelm von Tyrus als Fundament der Betrachtung nehmen, mit den Darstellungen des Ibn al-Qalanisi aber auf dieses aufbauen sollte, um zu einem adäquaten Beobachtungsergebnis zu gelangen.

Quellenverzeichnis

Wilhelm von Tyrus

WILLIAM OF TYRE, *Historia rerum in partibus transmarinis gestarum*, XVII, 3-6, *Patrologia Latina* 201, S. 675-679, Translated by James Brundage, *The Crusades: A Documentary History*, Milwaukee, WI: Marquette University Press, 1962, S. 115-121.

Ibn al-Qalanisi

GIBB, A.R. Hamilton: *The Damascus Chronicle of the Crusades.* Extracted and Translated from the Chronicle of Ibn Al-Qalānisī. London 1932, S. 282-287.

Literaturverzeichnis

ASBRIDGE, Thomas: Die Kreuzzüge. 7. Auflage, Stuttgart 2016.

BARTH, Reinhard; BIRNSTEIN, Uwe; LUDWIG, Ralph; SOLKA, Michael: Die Chronik der Kreuzzüge. Gütersloh/München 2003.

BRAND-PIERACH, Sandra: Ungläubige im Kirchenrecht - Die kanonistische Behandlung der Nichtchristen als symbolische Manifestation politischen Machtwillens. Unveröff. Diss., Konstanz 2004.

DELARUELLE, Etienne: *L'idée de la Croisade chez Saint Bernard*, in: Mélanges Saint Bernard. Dijon 1953, S. 53-67.

ELISSÉEFF, Nikita: *Nūr al-Dīn Maḥmūd b. Zankī. In: Encyclopaedia of Islam, Second Edition.* Leiden 1995.

GABRIELI, Francesco (Hrsg.): *Die Kreuzzüge aus arabischer Sicht.* Augsburg 1999.

HIESTAND, Rudolf: *Zum Leben und zur Laufbahn Wilhelms von Tyrus.* In: *Deutsches Archiv für Erforschung des Mittelalters.* Bd. 34, 1978, S. 345–380.

HILLENBRAND, Carole: *The Crusades. Islamic Perspectives.* University Press, Edinburgh 1999.

HOCH, Martin: *Jerusalem, Damaskus und der Zweite Kreuzzug. Konstitutionelle Krise und äussere Sicherheit des Kreuzfahrerkönigreichs Jerusalem, A.D. 1126-1154.* Frankfurt am Main, 1993.

MAYER, Hans Eberhard: *Geschichte der Kreuzzüge.* Stuttgart 1985.

MEISAMI, Julie Scott; STARKEY, Paul (Hrsg.): *Encyclopedia of Arabic Literature.* Band 1. Routledge, London 1998.

PHILIPP, Jonathan (Hrsg.): *The Secound Crusade: Scope and Consequences.* Manchester, 2001.

Schein, Sylvia: *Gateway to the Heavenly City: Crusader Jerusalem and the Catholic West (1099-1187).* Ashgate, 2005.

SCHWINGES, Rainer Christoph: *Kreuzzugsideologie und Toleranz. Studien zu Wilhelm von Tyrus.* Stuttgart 1977.

SPOLJARIC, Luka: *Reditus imperii ad Latinos. The Komenian Emperors in Wiliam of Tyre's Historia.* Ausführlicher zu der Darstellung der Komenen-Kaiser bei Wilhelm von Tyrus.